SIÈCLE

De Louis Quatorze,

ÉPOQUE DE 1683.

TABLEAU DE M. A. C. G. LEMONNIER,

De l'ancienne Académie royale de peinture, sculpture, etc.
Chevalier de la Légion d'honneur, Membre de l'Académie de Rouen, de la Société académique des Enfans
d'Apollon, etc.

Vincit Apollo.

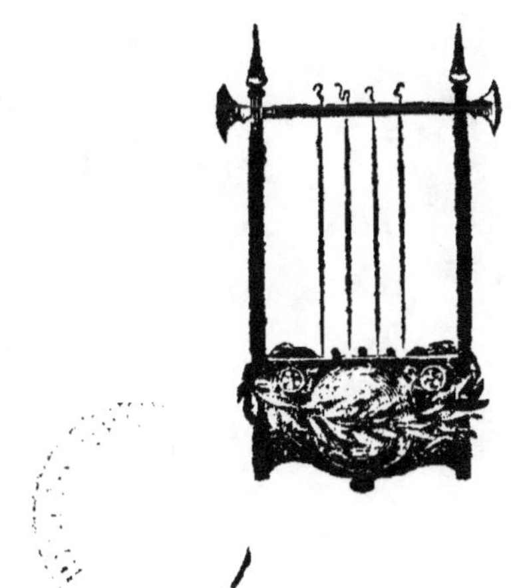

PARIS,

IMPRIMERIE D'ANT. BAILLEUL;
RUE THIBAUTODÉ, N°. 8.

1822.

SIÈCLE

De Louis Quatorze,

ÉPOQUE DE 1683.

Tous les siècles ont vu naître des mortels supérieurs à leurs semblables, mais l'histoire, qui passe en revue les générations, y trouve plus de conquérans et de prétendus héros que de bienfaiteurs de l'humanité. C'est dans la balance du bien public qu'il faut peser les renommées, et tout l'éclat des armes pâlit devant la gloire pacifique de la philosophie et des arts.

Dans la foule des siècles, il en est quatre que l'on s'est accoutumé à distinguer, comme servant d'époques à l'agrandissement de l'esprit humain.

Le premier de ces heureux âges est celui d'Alexandre. Autour de ce nom imposant viennent se grouper les grands noms de Platon, d'Aristote, de Démosthènes, de Périclès, de Sophocle, d'Euripide, d'Aristophane, d'Apelles, de Phidias, etc.

Cinq cents ans avant cette ère florissante de la Grèce, avait déjà brillé Homère, qui, sans modèle et sans guide, puisa le sublime dans ses propres inspirations. Homère apparaît au loin dans l'antiquité, comme un fanal solitaire placé sur les bords d'une mer ténébreuse. Homère forme à lui seul une époque à part.

Si le premier siècle est revendiqué par la Grèce, le second appartient à Rome : c'es celui d'Auguste, auquel se rattachent Cicéron, Virgile, Horace, Tite-Live, Ovide, Juvénal, Tibulle, Properce, Vitruve, etc.

Le troisième siècle peut dater de la découverte de l'imprimerie. On en décerne la gloire tout entière à l'Italie ; cependant, comme nous l'avons fait observer ailleurs, la France a quelque droit à en réclamer sa part, car ce siècle est pour notre patrie la véritable époque de la renaissance littéraire, sous l'influence de François Ier. Il est juste de le dire : la science, de son temps, n'était guère, avant Amyot et Montaigne, qu'un fatras informe et pédantesque ; les arts étaient peu ou mal cultivés ; et, avant que Malherbe vînt, on ne faisait encore que bégayer au Parnasse : mais enfin ce prince magnanime encouragea le premier, d'une manière efficace, l'industrie, la navigation et les découvertes d'outre-mer ; il assista au réveil de l'espritfrançais, il lui donna un grand essor.

La fin prématurée de François Ier. laissa tout à l'abandon : durant les discordes civiles et les guerres de religion qui vinrent désoler la France, les lettres et les sciences y demeurèrent dans une torpeur déplorable. Louis XIV parut ; il releva le génie national qui languissait dans l'abattement, et acheva miraculeusement l'ouvrage commencé.

Il existe une analogie sensible entre ces deux monarques. Louis XIV passa, ainsi que François Ier., pour le plus bel homme de son temps ; on eût dit que le sort, en les faisant naître sur le trône, s'était plu à imprimer surleur front la majesté de leur origine : tous deux, amis du faste, et trop adonnés aux plaisirs, multiplièrent les mêmes fautes ; tous deux, après d'éclatans succès militaires , virent décliner la gloire de leurs armes ; tous deux encore , sans être fort éclairés (1), sentirent le prix des lumières , aimèrent à s'entourer de tous les genres de grandeur, et protégèrent avec magnificence les arts et ceux qui les cultivaient : l'un et l'autre eurent le rare bonheur de vivre dans un temps où la nature se montra prodigue de grands hommes : si l'un fut plus avantagé que l'autre sous ce dernier rapport, il en fut redevable au hasard de sa naissance, et l'on est porté à croire que François Ier. eût été Louis XIV, s'il eût régné un siècle et demi plus tard.

Le quatrième siècle est donc celui de Louis XIV. Enrichi de l'expérience des autres, il paraît s'être le plus rapproché de la perfection. Voltaire le fait remonter à l'établissement de l'Académie. Ce siècle est d'autant plus remarquable qu'il a singulièrement influé sur la civilisation du reste de l'Europe. Il serait superflu d'entrer ici dans de plus amples détails sur ce qui est si bien connu de tout le monde éclairé. Il appartenait au chantre sublime de *Henri IV* d'élever un monument à la gloire du *siècle de Louis XIV*, et les ouvrages de Voltaire lui-même forment, pour ainsi dire, le couronnement de l'édifice.

Mais qui osera déterminer l'apogée de l'esprit humain ? Les conquêtes du génie n'ont point de bornes ; le champ des découvertes est incommensurable. Il a beaucoup manqué à ce siècle si riche de Louis XIV; il lui a manqué la liberté, cette seconde

---

(1) François Ier., toutefois, élevé au collége de Navarre, avait reçu toute l'éducation qu'on pouvait recevoir alors. Les vers qui nous restent de lui, prouvent qu'il n'était pas l'un des moindres poëtes de son temps.

vie de l'homme, qui anoblit ses travaux, en lui donnant le sentiment de sa dignité. Louis XIV, avec des
idées vastes, eut malheureusement tous les préjugés
du pouvoir.

> Jamais roi, dans la France,
> N'accoutuma son peuple à tant d'obéissance.

(Henriade, Ch. VII.)

Lors de l'apparition du *Télémaque*, on y trouva
une allusion maligne dans *Idoménée*, qui établissait le superflu dans Salente, avant que de s'occuper
du nécessaire. Le nécessaire, c'est une bonne législation. Louis XIV eut à cet égard des vues louables;
mais son goût pour le luxe lui fit trop négliger l'utile.
Il était réservé au siècle xix. de perfectionner la
science des lois et du gouvernement. Sous cette ère
nouvelle, a déjà paru un code qui suffirait pour l'immortaliser, et, dans une généreuse transaction politique, le présent a fait avec le passé un pacte garant de l'avenir : ainsi s'et accomplie la prédiction
d'un grand homme (1). Chaque jour, les sciences
exactes s'étendent; et si les beaux-arts ont fait des
progrès étonnans sous un gouvernement absolu, que
sera-ce sous un gouvernement tout à la fois monarchique et libre?....

Le siècle de Louis XIV n'en est pas moins admirable : l'histoire et a poésie l'ont célébré; il est

---

(1) « On s'est flatté qu'enfin le grand projet de Louis XIV, de
réformer la jurisprudence, serait exécuté; que les lumières de ce
siècle, augmentées de celles du nôtre, répandraient un jour plus
favorable sur l'humanité............ On forme encore ces vœux;
celui qui les remplira era béni du siècle présent et de la postérité. »

(Voltaire, *Polit. et Législ.*, t. ii.)

aussi du domaine de la peinture. M. Lemonnier, après avoir consacré son pinceau patriotique à faire revivre la cour de François Ier., ne pouvait mieux l'employer qu'à ranimer sur la toile les hommes les plus éminens d'un siècle qui fait partie essentielle de la gloire française. Le sujet du premier tableau était le triomphe de la peinture ; la sculpture est l'objet principal du second, qui nous montre Louis XIV assistant, dans le parc de Versailles, à l'inauguration de la statue du *Milon Crotoniate*, du *Puget*. Cette composition avait ses difficultés : le but de l'auteur étant de rassembler autour du monarque l'élite des hommes célèbres de son règne, leur nomenclature est telle, qu'il devenait embarrassant d'en limiter le nombre dans un cadre moyen, de façon que les divers genres de mérite s'y trouvassent représentés sans confusion. Il a fallu se borner à n'y admettre que les plus illustres de ceux qui se rattachent à l'année 1683, époque où la statue fut apportée de Marseille. L'artiste a fait ce choix en homme d'esprit et de goût.

Louis XIV arrive dans ses jardins, et l'on dévoile à ses yeux le Milon de Crotone, qui va devenir l'un des plus précieux ornemens de son palais. De concert avec Le Nostre, Colbert présente au roi le Puget, dont l'habillement simple et l'air un peu brusque forment un contraste piquant avec l'élégance des courtisans. Tel était, en effet, cet artiste que sa franchise, non exempte de rudesse, rendait peu propre à vivre à la cour ; mais, grand architecte, bon peintre et sculpteur habile, il a mérité le surnom du *Michel-Ange* de la France. Sous les auspices du ministre, moderne Mécène, Puget offre en même temps à Louis XIV le projet du groupe de *Persée et Andromède*, destiné à servir de pendant au Milon (1).

L'attitude de la reine, présente aussi à cette scène, exprime une surprise mêlée de douleur; ce double sentiment, empreint sur sa physionomie, tient à une circonstance que M. Lemonnier a très-adroitement saisie : on rapporte que lorsque la reine aperçut l'athlète infortuné, le bras engagé dans l'arbre qu'il s'est efforcé vainement de briser, et en proie aux bêtes féroces qui viennent l'assaillir, son premier mouvement fut de s'écrier : « *Ah! le pauvre homme! comme il souffre!......* » Cette anecdote, qui fait l'éloge du cœur de la reine et du talent de Puget, nous semble un épisode ingénieux dans le tableau.

A quelque distance du roi est le Dauphin, de qui l'on répétait ce qu'on avait prédit du père de Philippe de Valois : *Fils de roi, père de roi, jamais roi.* Près de lui est son gouverneur, l'austère Montausier. *Montrez-nous donc cet honnête homme qui dit toujours la vérité,* disait le peuple, lorsqu'il voyait passer la cour. Cet honnête homme, c'était Montausier : sa vertu stoïque ne savait point composer avec le devoir; les courtisans l'avaient surnommé *la bouche de fer.* On sait que des ennemis de Molière, cherchant un jour à persuader au duc de Montausier que l'auteur

______

(1) Puget ne vint point à Versailles en 1683; il se contenta d'y envoyer son fils : la preuve en résulte d'une lettre que Le Brun lui écrivait le 19 juillet de la même année. (*V. les Mémoires pour servir à l'Histoire des hommes illustres de Provence.* 1752, p. 35.) Au surplus, c'est là une heureuse licence : la peinture a les siennes aussi bien que la poésie. (*Cette note est communiquée par M. Émeric-David.*)

du *Misanthrope* avait voulu le jouer dans sa pièce :
« *Plût à Dieu que je lui ressemblasse!* » répondit-il.
Quand il cessa ses fonctions de gouverneur, il dit au
Dauphin ces belles paroles : « *Monseigneur, si vous
êtes homme d'honneur, vous m'aimerez; si vous ne
l'êtes pas, vous me haïrez, et je m'en consolerai.* »
Un semblable langage trouve peu d'imitateurs dans
les palais des rois.

On doit regretter sans doute de ne pas rencon-
trer le duc de Bourgogne : il eût été bien intéressant
de voir ce jeune prince, l'amour et l'espoir des Français, accompagné de son respectable gouverneur,
l'auteur de *Télémaque;* mais le duc de Bourgogne
était alors dans sa première enfance, étant né en
1682. Élevé par un Fénélon, il promettait de rap-
peler sur le trône les brillantes qualités de son ayeul,
avec les vertus de Louis XII : les destins en ordon-
nèrent autrement.

La France avait déjà perdu le grand Turenne.
Mais que de héros je vois encore se presser autour
de Louis! Ici est Catinat, ce guerrier philosophe,
digne des temps anciens par la noblesse de son ame
et la simplicité de ses mœurs (1); là est Vauban, qui
a rendu à la France de signalés services dont il reste
encore de nos jours des traces durables. Ailleurs,
j'aperçois Condé,

---

(1) Les soldats, toujours bons juges de leurs généraux, pour
exprimer la raison supérieure, la prudence consommée de Catinat, l'appelaient familièrement le *Père la Pensée.* Si Catinat
était prudent et sage, il n'était pas moins brave. Forcé d'exécu-
ter, dans l'attaque de *Chiari,* des ordres qu'il désapprouvait, il
ramena plusieurs fois les troupes à la charge en leur criant : « *La
mort est devant nous, mais la honte est derrière.* »

> Ce fameux Condé, général à vingt ans,
> Couvert dans les combats d'une gloire immortelle.
>
> . . . . ,
>
> Pour lui, voir l'ennemi, c'était l'avoir dompté;
> En mesurant l'obstacle il l'avait surmonté :
> Sa prudence, sortant de la route commune,
> Par l'excès de l'audace enchaînait la fortune :
> Pour guider des Français le ciel l'avait formé.
>
> (Thomas, Pétréide.)

D'autres héros s'offrent à nos yeux : c'est, d'une part, l'élève et l'émule de Condé, le maréchal de Luxembourg, et le sauveur de la France à Denain, Villars; de l'autre, l'ambitieux mais habile d'Harcourt, et Tourville, aussi célèbre par sa défaite de *la Hogue* que par ses nombreuses victoires.

Tous ces illustres généraux attestent la puissance formidable de Louis XIV; d'autres personnages vont nous montrer sa gloire sous un aspect non moins éclatant.

> Vainqueur la lyre en main, vainqueur aux champs de Mars,
> Et multipliant son génie,
> Le fortuné Français allie
> Le laurier de la guerre à celui des beaux-arts.

Voici la splendeur la moins périssable de ce siècle fameux; voici Racine et Molière! Racine, le plus pur, le plus éloquent de nos poètes! Molière, le plus profond, le plus inimitable de nos écrivains! Qui mettra la louange au niveau de ces deux génies? *Beau, pathétique, harmonieux, sublime,* voilà, selon Voltaire, ce qu'il faut mettre au bas de chaque page de Racine : le commentaire des chefs-d'œuvre de Molière pourrait se réduire à un pareil laconisme d'expressions.

Dans le même groupe où figurent ces deux maîtres du Parnasse , on distingue Quinault et Lulli. Si Boileau n'avait pas rétracté ses outrages envers le chantre élégant d'*Armide* et d'*Atys ,* l'injure peserait à jamais sur le nom du moderne Aristarque. Au reste, le créateur du drame lyrique, plus philosophe que Boileau, lui pardonnait volontiers son courroux poétique. Il est bien faux que le florentin Lulli ait *réchauffé* les vers de Quinault, comme l'avance Boileau, qui connaissait mieux la mélodie du langage que l'harmonie musicale ; le contraire est beaucoup plus vrai, et La Harpe en a fait justement la remarque.

Les premiers peintres du temps devaient avoir leur place dans un tableau consacré aux arts. On y rencontre avec satisfaction Le Brun, qui faisait des poëmes avec son pinceau ; Jouvenet, compositeur fougueux, et parfois incorrect, mais dessinateur d'un grand style, coloriste chaud et vigoureux ; Mignard, célèbre par ses ouvrages , et plus encore par l'amitié de Molière, qui composa un poëme en l'honneur de sa fresque du Val-de-Grâce (1).

Le Nostre et Hardouin Mansard complètent cette brillante réunion de talens. Ces deux architectes du somptueux Versailles se trouvent là sur leur terrain. On accorde généralement plus de génie à Le Nostre ; on assure que c'est à lui qu'est due la première pensée du chef-d'œuvre de Versailles ,

______

(1) Mignard possédait un esprit fin et délié qui le faisait rechercher des gens de lettres. Un seul trait le fera juger. Il peignait Louis XIV pour la dixième fois. « *M. Mignard, vous devez me trouver bien vieilli,* dit le roi. — *Sire,* répondit l'artiste courtisan, *j'aperçois quelques lauriers de plus sur le front de votre majesté.* »

l'orangerie. Le Nostre aimait Louis XIV avec une sorte de tendresse : on a dit qu'il poussait la familiarité jusqu'à sauter au cou du roi, quand il le revoyait après une absence ; mais ce fait est démenti par plusieurs témoignages. Il est une anecdote plus certaine et plus digne de l'un et de l'autre : le roi, ayant anobli Le Nostre, voulut lui donner des armes; celui-ci refusa modestement, en disant : « *Sire,* » *la bêche de mon père et la mienne sont les seules* » *armes qui puissent convenir à votre jardinier.* »

Tels sont les personnages qui composent ce tableau, dans lequel M. Lemonnier a fait preuve d'esprit et de science. Notre but, dans cette notice, étant d'offrir une analyse de l'ouvrage, plutôt qu'une apologie de l'auteur, nous résistons au plaisir que nous donnerait une louange plus détaillée, de crainte de la rendre suspecte d'un peu de partialité.

Ce tableau de Louis XIV est, comme on voit, le pendant de celui de François Ier. La gravure est occupée en ce moment à le reproduire.

Il est consolant et honorable pour la vieillesse d'un peintre qui n'a jamais cherché que la gloire dans l'exercice de son art, de voir ses derniers travaux obtenir le suffrage d'un prince qui, appelé à faire le bonheur d'un nouveau pays d'adoption, garde, Français par le cœur, le souvenir de sa première patrie, et le prouve par la protection signalée qu'il accorde aux arts de la France. Le tableau de Louis XIV appartient au prince Eugène.